Premium
Languages

CONVERSATIONS IN EASY SPANISH

PRACTICE YOUR CONVERSATIONAL SKILLS IN REAL SITUATIONS

© Premium Languages

Premium Languages
109 Rathcoole Gardens
N8 9PH
www.premiumlanguages.co.uk

Ordering Information:
Quantity sales. Special discounts are available on quantity purchases by corporations, associations, and others. For details, contact the publisher at the address above.

The limits of my language are the limits of my world.

(Ludwig Wittgenstein)

TABLE OF CONTENTS

INFORMACIÓN PERSONAL

CONVERSACIÓN 1

Funcionario: ¿Cómo te llamas?

Eduardo: Me llamo Eduardo.

Funcionario: ¿Cómo te apellidas?

Eduardo: Me apellido Fernández Perín

Funcionario: ¿Cuál es tu nacionalidad?

Eduardo: Soy español.

Funcionario: ¿Dónde vives?

Eduardo: Vivo en Oviedo

Funcionario: ¿Cuál es tu dirección?

Eduardo: Calle Buenos Aires, número 34.

Funcionario: ¿Cuántos años tienes?

Eduardo: Tengo 26 años.

Funcionario: ¿Estás casado?

Eduardo: No, estoy soltero.

Funcionario: ¿Tienes hijos?

Eduardo: No, no tengo.

Funcionario: ¿A qué te dedicas?

Eduardo: Soy informático.

Funcionario: ¿Cuál es tu número de teléfono?

Eduardo: Es el 636-34-54-02

Funcionario: ¿Cuál es tu dirección de correo electrónico?

Eduardo: Es eduferperin@ovi.com

CONVERSACIÓN 2

Secretaria: ¿Cuál es su nombre completo?

Candidata: Margarita Xirgú López.

Secretaria: ¿Dónde reside actualmente?

Candidata: En Miami

Secretaria: ¿Cuál es su fecha de nacimiento completa?

Candidata: 6 de diciembre de 1985.

Secretaria: ¿Lugar de nacimiento?

Candidata: Tampa, Florida.

Secretaria: ¿Su domicilio, por favor?

Candidata: 3944, Horizon Road.

Secretaria: ¿Ocupación?

Candidata: Analista financiera.

Secretaria: ¿Y su estado civil?

Candidata: Casada.

Secretaria: ¿Tiene hijos?

Candidata: Sí, dos. Un niño y una niña.

Secretaria: ¿Cuál es la ocupación de su esposo?

Candidata: Agente de seguros.

Secretaria: ¿Tiene teléfono fijo?

Candidata: No, sólo teléfono móvil. Es el 620-454-6792

Secretaria: Un correo electrónico de contacto, por favor.

Candidata: margaxirgu@filofan.com

Ejercicios

1. Responde a las siguientes preguntas con tu información personal:

¿Cuál es su nombre completo?

_____

¿Dónde reside actualmente?

_____

¿Cuál es su fecha de nacimiento completa?

_____

¿Lugar de nacimiento?

_____

¿Su domicilio, por favor?

_____

¿Ocupación?

_____

¿Y su estado civil?

_____

¿Tiene hijos?

_____

¿Número de teléfono?

_____

Un correo electrónico de contacto, por favor.

_____

2. Formula las preguntas adecuadas para las siguientes respuestas:

_____

Me llamo Roberto.

_____

Me apellido Jiménez Ventura.

_____

En Medellín, Colombia.

_____

Tengo 32 años.

_____

El 15 de febrero.

_____

Calle Cóndor, 23-B en Medellín.

_____

Estoy casado.

_____

Sí, dos hijos y una hija.

_____

Soy administrativo en un banco.

_____

Roberto.Jim.Ven@filofo.com

_____

290-78-90-32

_____

LA RUTINA DIARIA

CONVERSACIÓN 1

Paula: ¿A qué hora te levantas?

Lídia: Me levanto todos los días a las 7h.

Paula: ¿Tienes una rutina por las mañanas?

Lídia: Sí, generalmente me ducho después de levantarme. Me visto y desayuno en la cocina.

Paula: ¿Qué desayunas normalmente?

Lídia: Casi siempre desayuno cereales con leche.

Paula: ¿Y cómo vas al trabajo?

Tengo que tomar un autobús y después camino durante 10 minutos para llegar a la oficina.

Paula: ¿Cuánto tiempo tardas en total desde tu casa a la oficina?

Lídia: No más de 30 o 35 minutos.

Paula: ¿A qué hora haces la pausa para almorzar?

Lídia: Hacemos la pausa a la 1pm y a las 2pm regresamos al trabajo.

Paula: ¿A qué hora terminas de trabajar?

Lídia: Depende de la semana, pero entre las 6pm y las 6.30pm

Paula: ¿Haces algo después de trabajar?

Lídia: Sí, los lunes y miércoles voy al gimnasio. Los martes y jueves tengo clases de español.

Paula: ¿Y los viernes?

Lídia: Los viernes voy a tomar una cerveza con mis amigos.

Paula: ¿A qué hora te acuestas cuando tienes que trabajar?

Lídia: Siempre antes de las 12. Necesito dormir al menos 7 horas.

CONVERSACIÓN 2

Luís: ¿Tú te levantas muy temprano por las mañanas?

Sandra: Depende, a veces tengo que levantarme a las 6am y otros días a las 8am. Dos o tres días a la semana me levanto antes para ir a correr.

Luís: Uf, yo no puedo levantarme tan temprano porque siempre me acuesto muy tarde. Veo la televisión hasta las 2am o más.

Sandra: Es muy tarde, ¿no?

Luís: Sí, pero me despierto también tarde y hago un desayuno grande con huevos y salchichas. Después, no como hasta la tarde.

Sandra: Yo prefiero comer poco durante la mañana y tomar el almuerzo a las 12h.

Luís: ¿Y tienes que tomar el metro para ir a tu trabajo?

Sandra: Sí, todos los días. Hay siempre mucha gente.

Luís: Yo trabajo desde casa y es muy tranquilo.

Sandra: ¿No es un poco aburrido?

Luís: No, trabajo solo 4 o 5 horas y a veces salgo a pasear un rato.

Sandra: ¿Trabajas todos los días?

Luís: Trabajo por las tardes de lunes a viernes.

Sandra: Yo tengo que trabajar los sábados por la mañana y los viernes me acuesto pronto.

Luís: Tenemos vidas muy diferentes.

Sandra: Sí, creo que sí.

Ejercicios

1. Describe tu rutina diaria utilizando la referencia de los diálogos anteriores:

_____

_____

_____

_____

_____

_____

_____

_____

_____

_____

2. Piensa en una persona famosa que te guste e imagina cómo es su rutina diaria:

_____

_____

_____

_____

_____

_____

_____

_____

_____

EL FIN DE SEMANA

Tomás: Hola, Santi, ¿qué haces este fin de semana?

Santi: La verdad es que tengo muchas cosas que hacer este fin de semana. El sábado es el cumpleaños de mi hermana Beatriz y vamos a organizar una fiesta sorpresa en mi casa. El domingo por la mañana quiero jugar a tenis con mi amigo y después voy a ir con mi mujer a comer a un restaurante italiano.

Tomás: Sí, veo que estás muy ocupado.

Santi: ¿Qué vas a hacer tú?

Tomás: El sábado por la mañana voy a descansar. Necesito dormir porque esta semana estoy muy cansado. Por la tarde, mi padre quiere ir al estadio para ver el partido de fútbol. El domingo voy a correr por el parque y después probablemente vamos al bar a tomar unas cervezas.

Santi: A veces, yo también voy a correr por el parque.

Tomás: ¿Por qué no vamos la semana que viene?

Santi: Sí, buena idea.

Tomás: Podemos hacer 10 kilómetros y después podemos ir a tomar una cerveza juntos.

Tomás: ¡Perfecto!

Santi: ¿A las doce está bien?

Tomás: Mejor a las 11, tengo una cosa que hacer a las 2pm y necesito estar en casa un poco antes.

Santi: Muy bien, te llamo la semana que viene para confirmar.

Ejercicios

1. Responde a las siguientes preguntas:

¿A qué hora te levantas generalmente los domingos?

_____

¿Desayunas lo mismo que durante la semana?

_____

¿Haces deporte los fines de semana?

_____

¿Qué planes tienes para este fin de semana?

_____

¿Te acuestas muy tarde los fines de semana?

_____

¿Ves mucho la televisión durante los fines de semana?

_____

2. Describe cómo es para ti el fin de semana perfecto:

_____

_____

_____

_____

_____

_____

_____

_____

_____

LA CASA

CONVERSACIÓN 1

Reyes: ¿Vives en la misma casa del año pasado?

Felipe: No, ahora vivimos en una casa nueva. Es muy bonita y es mucho más grande que la anterior.

Reyes: ¡Qué bien! ¿Y cómo es?

Felipe: Es una casa moderna con 4 habitaciones, dos baños, una cocina grande y un salón con un sofá enorme.

Reyes: ¿Y tiene jardín?

Felipe: Sí, tiene un jardín pequeño con plantas y un patio.

Reyes: Nosotros vivimos en la misma casa, pero estamos haciendo reformas. Queremos ampliar la cocina y cambiar los muebles del salón: mesa, sillas, sofá, estanterías...

CONVERSACIÓN 2

Óscar: Necesito un apartamento céntrico, con mucha luz y cerca de la estación de metro.

Agente: ¿Cuántas habitaciones?

Óscar: Una o dos habitaciones solamente.

Agente: ¿Amueblado o sin amueblar?

Óscar: Amueblado es mejor, no quiero tener que comprar camas, armarios, etc.

Agente: ¿Estilo moderno o tradicional?

Óscar: No es importante, pero quiero buena calidad.

Ejercicios

1. Responde a las siguientes preguntas sobre tu casa:

¿Cuántas habitaciones tiene?

_____

¿Cuántos cuartos de baño tiene?

_____

¿Cómo es la cocina?

_____

¿Qué te gusta más de tu casa?

_____

¿Qué hay en tu salón?

_____

¿Qué parte de tu casa te gustaría cambiar?

_____

2. Describe cómo es tu casa ideal:

_____

_____

_____

_____

_____

_____

_____

_____

_____

EL BARRIO

Mario: Mi barrio es el mejor.

Darío: ¿Por qué dices eso?

Mario: Porque en mi barrio tenemos todo.

Darío: ¿En serio?

Mario: Sí, hay un parque muy grande para hacer deporte. Hay dos cines y muchos restaurantes de todo tipo.

Darío: ¿Y tiendas?

Mario: Sí, tiendas muy buenas de comida y de ropa.

Darío: Y también una biblioteca muy grande, ¿no?

Mario: Sí, pero yo nunca voy a la biblioteca.

Darío: ¿Está bien comunicado?

Mario: Tiene una parada de tren y muchos autobuses.

Darío: Sí, pero en tu barrio hay mucho tráfico.

Mario: Sí, es verdad, el tráfico es un problema.

Darío: Y es un poco caro, también.

Mario: Es muy caro, la verdad.

Darío: Además, está lejos del centro.

Mario: Está a 40 minutos minutos en el autobús.

Darío: Creo que tu barrio no tiene colegio, ¿no?

Mario: Tiene uno, pero es muy pequeño.

Darío: Bueno, pero a ti te gusta mucho y eso es lo importante.

CONVERSACIÓN 2

Adriana: No sé qué barrio es mejor... Los dos me gustan.

Pilar: Bueno, el barrio de Las Flores es más moderno y más céntrico.

Adriana: Ya... aunque es más caro.

Pilar: Sí, pero necesitas pagar el transporte si vives en el barrio de La Chana.

Adriana: ¿Tú crees que Las Flores es un barrio seguro?

Pilar: Sí, claro. Mi amiga vive allí y es muy seguro.

Adriana: El barrio de La Chana es un poco peligroso, ¿no?

Pilar: Bueno... un poco sí. A veces pasan cosas.

Adriana: Sí, Las Flores es un barrio más agradable, pero en La Chana hay muchas zonas verdes para pasear, correr, hacer ejercicio...

Pilar: Sí, pero no puedes tener todo en un solo barrio.

Adriana: Tienes razón. Gracias, Pilar.

Ejercicios

1. Responde a las siguientes preguntas sobre tu barrio:

¿Está muy lejos del centro?

_____

¿Qué te gusta más de tu barrio?

_____

¿Qué no te gusta de tu barrio?

_____

¿Cómo son los vecinos del barrio?

_____

¿Hay buenas tiendas y restaurantes en tu barrio?

_____

2. Describe un barrio que conoces y que te gusta mucho. Explica por qué te gustaría vivir en ese barrio :

_____

_____

_____

_____

_____

LOS GUSTOS

CONVERSACIÓN 1

Mariano: ¿A ti te gustan los restaurantes japoneses?

Andrea: No mucho. Soy vegetariana y prefiero comer en mi casa.

Mariano: ¿No te gusta salir a comer a un restaurante?

Andrea: Depende. Me encanta cocinar y normalmente como en casa con mi novio.

Mariano: ¿Él también es vegetariano?

Andrea: No, a él le gusta la carne y el pescado, pero en casa no lo hace porque sabe que a mí no me gusta.

Mariano: ¿Cuál es tu plato favorito?

Andrea: Me gusta muchísimo la tortilla de patata. También me encanta la pasta con champiñones y tomate.

Mariano: ¿Te gustan todas las verduras?

Andrea: No, todas no. No me gusta nada el apio. Tampoco me gusta mucho la col.

Mariano: Sinceramente, yo detesto las zanahorias.

Andrea: ¿En serio? A mí me encantan.

CONVERSACIÓN 2

Carmen: Me encanta tu falda, ¿es nueva?

Chus: No, es del año pasado. ¿Te interesa la moda?

Carmen: Sí, un poco. Me gusta ir a las tiendas de segunda mano y también me gusta leer revistas de moda.

Chus: Entonces te va a gustar mi hermana. A ella también le encantan esas cosas.

Carmen: Pues, tienes que presentarme a tu hermana. La verdad es que odio ir sola de compras. Prefiero ir con alguien más. Me encanta cambiar opiniones sobre la ropa que me gusta.

Chus: Sí, vamos a organizar algo para la semana que viene y te la presento.

Ejercicios

1. Escribe una frase sobre los siguiente temas utilizando los verbos "gustar", "encantar", "odiar", "interesar" y "detestar".

Una comida

_____

Una bebida

_____

Un tipo de música

_____

Una persona

_____

Una película

Una ciudad

Un libro

2. Reacciona a estas afirmaciones utilizando: "A mí también/tampoco", "A mí sí/no", "Yo sí/no" y "Yo también/tampoco".

Me gusta comer carne.

Detesto la música clásica.

Me encantan las motos.

No me gustan las playas.

Odio las series de televisión.

Me gusta más el té que el café.

No me gusta leer.

LA FAMILIA

Genaro: Mi familia, en realidad es un poco extraña.

Alberta: ¿Por qué dices eso?

Genaro: Mi padre, por ejemplo, tiene solo un hermano, pero tiene 8 sobrinos.

Alberta: ¿Tu tío tiene 8 hijos?

Genaro: Sí, no es muy común hoy, ¿no crees?

Alberta: No, la verdad.

Genaro: Y mi madre tiene 4 hermanas, y cada hermana tiene dos hijas, excepto mi madre que tiene dos hijos.

Alberta: ¡Vaya! Entonces, ¿cuánto primos tienes en total?

Genaro: Pues, 8 primos de mi tío y 8 primas de mis tías. En total 16 primos.

Alberta: ¿Tus abuelos están vivos?

Genaro: Sí, mis 4 abuelos viven en Valencia. Todos tienen más de 90 años.

Alberta: Sí, tienes una familia que no es muy convencional.

CONVERSACIÓN 2

Olga: No me gustan las reuniones familiares.

Ana: Siempre hay problemas, ¿no?

Olga: Sí, todo el tiempo. Mi cuñado Felipe es muy difícil, le gusta hablar de política y siempre discute con mi sobrino, que es muy joven.

Ana: Te entiendo. Cuando voy a la casa de mis suegros es lo mismo.

Olga: Sí, y además la novia de mi hermano está divorciada y a mi padre no le gusta.

Ana: Tu padre es un poco antiguo, ¿no?

Olga: Sí, bastante y mi madre siempre intenta defender a mi hermano.

Ana: Bueno, en todas las familias hay problemas.

Ejercicios

1. Escribe la respuesta adecuada:

El hijo de tu hijo es tu...

_____

El padre de tu padre es tu...

_____

El hijo de tu tío es tu...

_____

La hermana de tu madre es tu...

_____

El hijo de tus padres es tu...

_____

La hija de tu hermana es tu...

_____

2. ¿Cómo es tu familia? Describe a algunos miembros de tu familia señalando tu relación con ellos.

_____

_____

_____

_____

_____

_____

_____

_____

_____

_____

RECOMENDACIONES

Rita: Sinceramente, no sé qué hacer con los niños este fin de semana.

Manuela: Hay una película muy buena en el cine que te recomiendo. Se llama El Club de los Exploradores y a mis hijos les encanta.

Rita: Suena interesante.

Manuela: Sí, pero yo en tu lugar, iría a la sesión de las 2pm porque a las 4.30pm hay demasiados niños.

Rita: De acuerdo. ¿En qué cine es?

Manuela: Es en el centro comercial, pero no te recomiendo ir en el coche, es muy difícil encontrar aparcamiento. Lo mejor es tomar el tren y caminar 5 minutos hasta el cine.

Rita: Muchas gracias, Rita. Creo que voy a ir este sábado con los niños.

Carmela: Necesito un regalo para mi padre. Mañana es su cumpleaños y todavía no tengo nada.

Dionisio: Deberías comprar algo hoy.

Carmela: Sí, pero no sé qué.

Dionisio: No tienes mucho tiempo... te recomiendo un regalo clásico: Un libro, un cinturón, una botella de vino.

Carmela: Sí, a mi padre le encanta el vino tinto.

Dionisio: Entonces tienes que ir a La Bodega, es una tienda que tiene muchos tipos de vino.

Carmela: Yo no sé nada de vino, ¿puedes recomendarme algo?

Dionisio: Lo mejor es comprar un vino clásico.

Carmela: ¿Un Rioja, por ejemplo?

Dionisio: Es una buena opción. A mí me gusta también Ribera del Duero, es muy bueno.

Carmela: Muchas gracias por tu recomendación, Dionisio.

Ejercicios

1. Haz recomendaciones a estas personas:

Quiero ver una película divertida.

_____

Necesito un plan para el domingo con mi hijo pequeño.

_____

Es el cumpleaños de mi madre y no sé qué regalarle.

_____

Estoy un poco gordo y quiero perder peso.

_____

Me duele la cabeza y tengo un poco de fiebre.

_____

Quiero impresionar a mi novia el día de nuestro aniversario.

_____

2. Imagina que tienes que recomendar un lugar de vacaciones para tu amigo. Recomienda dónde ir, dónde quedarse, qué hacer, etc.

_____

_____

_____

_____

_____

_____

_____

_____

_____

EN EL RESTAURANTE

Camarero: ¡Buenas noches!

Comensal 1: ¡Buenas noches!

Camarero: ¿Tiene usted una reserva?

Comensal: Sí, una reserva a nombre de Rafa García.

Camarero: Sí, mesa para dos a las nueve y media. Por aquí por favor.

Comensal: ¡Gracias!

Camarero: Aquí tiene el menú.

Comensales 1 y 2: Gracias.

Camarero: ¿Qué van a tomar?

Comensal 1: De primero ensalada mixta para mí, por favor.

Comensal 2: Para mí, sopa de verduras.

Camarero: ¿Y de segundo (plato)?

Comensal 1: Paella de marisco para dos.

Camarero: ¿Y para beber?

Comensal 1: Vino, por favor.

Camarero: ¿Blanco o tinto?

Comensal 2: Blanco. Y una botella de agua.

Camarero: ¿Fría o del tiempo?

Comensal 2: Del tiempo por favor. Y sin gas.

Camarero: ¿Algo más?

Comensal 1: No, de momento nada más, gracias.

[Comida] ....

Camarero: ¿Van a tomar postre?

Comensal 1: Sí, ¿puede traer la carta de postres, por favor?

Camarero: Aquí está.

Comensal 2: Para mí el arroz con leche, por favor.

Comensal 1: Yo tomaré tarta de chocolate.

Camarero: ¿Alguna cosa más? ¿Café? ¿Infusión?

Comensal 2: Un cortado para mí y un café con leche para ella

....

Camarero: ¿Todo de su gusto?

Comensal 2: Todo buenísimo.

Comensal 1: Delicioso. ¿Nos trae la cuenta por favor?

Camarero: ¿Va a pagar con tarjeta o en efectivo?

Comensal 1: En efectivo.

Camarero: Son €65,50

Comensal 1: Aquí tiene. Muchas gracias.

Camarero: Gracias a ustedes. ¡Hasta luego!

Comensal 1: ¡Hasta luego!

Comensal 2: Adiós.

Ejercicios

1. Después de leer el diálogo, responde verdadero o falso en cada caso.

1. De primero van a tomar platos vegetarianos.
2. De segundo los dos eligen el mismo plato.
3. No toman alcohol durante la comida.
4. A los comensales les gusta la comida.
5. Los comensales pagan con un cheque.

2. Escribe el nombre de 7 frutas, 7 tipos de pescado, 7 tipos de carne y 7 bebidas diferentes:

Fruta

_____

_____

Pescado

_____

_____

Carne

_____

_____

Bebidas

_____

_____

EL TIEMPO

CONVERSACIÓN 1

Carmelo: Normalmente en el Norte de España no hace mucho calor ni tampoco hace mucho frío.

Patricia: Es verdad, pero llueve bastante, ¿no?

Carmelo: Sí, por ejemplo ahora está lloviendo, pero mañana va a hacer sol.

Patricia: ¿Tú crees?

Carmelo: Sí, va a hacer sol y calor, por lo menos 27 grados.

Patricia: Pues hoy hace frío y bastante viento.

Carmelo: Hoy está muy nublado, pero aquí el tiempo cambia mucho en 24 horas.

CONVERSACIÓN 2

Antonia: Me encanta Málaga. Siempre hace buen tiempo.

Eduardo: Sí, hay cielo azul durante casi todo el año.

Antonio: A veces hay tormentas y el tiempo es un poco húmedo, pero en general hace mucho sol y el invierno es muy suave.

Antonia: Lo bueno es que si quieres ir a la nieve, las montañas no están muy lejos.

Eduardo: Sí, puedes ir a Sierra Nevada, allí en el invierno hace frío y nieva mucho.

Antonia: Sí, allí hace un frío muy seco.

Ejercicios

1. Describe cómo es generalmente el tiempo en estos lugares:

En tu ciudad/pueblo en la primavera.

_____

_____

En el desierto de Sahara en el verano.

_____

_____

En Londres en el otoño.

_____

_____

En Moscú en el invierno.

_____

_____

2. Describe cómo es el tiempo hoy, y haz una predicción diferente para mañana.

_____

_____

_____

_____

_____

EN EL TRABAJO

CONVERSACIÓN 1

Sole: ¿Sabes a qué hora es la reunión?

Alicia: Sí, esta tarde a las 3:30pm

Sole: ¿Puedes enviarme un correo electrónico con los detalles?

Alicia: Sí, no hay problema. Te lo voy a enviar inmediatamente.

Sole: ¿El jefe de ventas y la directora de Recursos Humanos también van a ir?

Alicia: Creo que sí, pero tienen que confirmar antes de las 11am.

Sole: Estoy un poco nerviosa.

Alicia: ¿Por qué? Tú tienes mucha experiencia.

Sole: Sí, pero los resultados económicos de la empresa no son muy buenos y van a preguntar muchas cosas.

Alicia: Pero tú no eres la responsable de los resultados económicos.

Sole: No, pero necesito tener respuestas para todas sus preguntas.

Alicia: ¿Necesitas ayuda con la preparación?

Sole: Sí, por favor, ¿te importa?

Alicia: No, no tengo mucho trabajo esta mañana, podemos practicar.

Sole: Mil gracias.

Alejandro: ¿Te gusta tu trabajo?

Norberto: Sí, me gusta mucho. La oficina es muy grande y mis compañeros son muy simpáticos y amables.

Alejandro: ¿Y qué haces en el trabajo en un día normal?

Norberto: Bueno, lo primero es ver si tengo correos electrónicos. Después, siempre tenemos una reunión a las 10am para discutir el plan para ese día. Luego, trabajo en el ordenador hasta la hora de comer.

Alejandro: ¿Y por la tarde?

Norberto: Por las tardes es cuando salimos a visitar a los clientes o hacemos llamadas telefónicas para hablar con ellos.

Alejandro: ¿Hay algún aspecto negativo de tu trabajo?

Norberto: Bueno, el primer año el salario no es muy alto, pero después es mejor.

Alejandro: ¿Recomiendas tu empresa parta trabajar?

Norberto: Sí, pero tienes que trabajar duro también.

Alejandro: Claro, es normal.

Ejercicios

1. Escribe el nombre de la profesión.

Trabajo en un restaurante y sirvo las mesas.

Trabajo en una tienda y atiendo a los clientes.

_____

Trabajo en un restaurante y cocino.

_____

Doy clases de Historia en una escuela.

_____

Corto el pelo y peino a mis clientes.

_____

Trabajo en un hospital y atiendo a los pacientes enfermos.

_____

2. Describe las siguientes profesiones como en el ejercicio anterior.

Abogado

_____

_____

Mecánico

_____

_____

Bombero

_____

_____

CIUDADES

CONVERSACIÓN 1

Elisa: La semana que viene vamos a ir a Granada.

Jaime: ¿De vacaciones?

Elisa: Sí, tres días solamente, pero queremos ver la ciudad.

Jaime: Yo conozco Granada bastante bien. Mis tíos viven allí.

Elisa: ¿Ah, sí?

Jaime: Sí, te recomiendo visitar el barrio del Albaicín y la Alhambra durante la mañana. Por las tardes hay muchos turistas y las calles son muy estrechas.

Elisa: ¿Y para comer?

Jaime: Tienes muchas opciones, pero me gusta un restaurante que hay cerca del río. Se llama San Antón y tiene una vista muy bonita del puente y los edificios.

Elisa: También hay un barrio judío, ¿no?

Jaime: Sí, se llama El Realejo y es muy bonito. Mis tíos viven muy cerca, junto a una iglesia muy grande.

Elisa: ¿La catedral?

Jaime: No, la catedral está en el centro. También es muy bonita, y cerca hay una plaza con una fuente en el medio. La plaza está rodeada de cafeterías y restaurantes.

Jimena: ¿Y te gusta vivir en Hong Kong?

Lázaro: Bueno, antes no pero ahora me gusta mucho.

Jimena: ¿Cómo es la ciudad?

Lázaro: Hay mucha gente pero la ciudad no es muy grande. Tiene diferente islas y hay muchos rascacielos.

Jimena: ¿Hay metro?

Lázaro: Sí, el transporte es muy bueno. Hay metro, autobús, barcos, y los taxis no son muy caros.

Jimena: Ya, pero el tráfico...

Lázaro: Sí, el tráfico es un problema, como en casi todas las ciudades grandes.

Jimena: Es una ciudad muy buena para ir de compras, ¿no?

Lázaro: Estás muy bien informada. Allí puedes encontrar de todo. Hay tiendas de todo tipo, y están abiertas durante la noche también.

Jimena: ¿Hay muchas zonas verdes?

Lázaro: Depende. En el centro de la ciudad no muchas, pero cerca sí hay zonas muy bonitas para pasear. También puedes ir a la playa, está muy cerca.

Ejercicios

1. Piensa en tu ciudad o en una ciudad que conoces y responde a las siguientes preguntas.

¿Es una ciudad grande, pequeña o mediana? ¿Cuántos habitantes tiene?

_____

¿Cuáles son los edificios o monumentos más famosos?

_____

¿Cómo es el clima de la ciudad?

_____

¿Está cerca del mar?

_____

¿Es famosa por alguna razón?

_____

¿Es una ciudad cara comparada con el resto del país?

_____

2. Piensa en una ciudad que te gusta y haz una descripción de cómo es y qué hay en ella.

_____

_____

_____

_____

EN EL TAXI

CONVERSACIÓN 1

Taxista: ¡Buenos días!

Cliente: ¿Me lleva al aeropuerto, por favor?

Taxista: Claro que sí. ¿A qué terminal?

Cliente: La terminal 2.

Taxista: Salidas, ¿verdad?

Cliente: Sí, por favor.

Taxista: ¿Va de vacaciones?

Cliente: No, es un viaje a Londres por trabajo.

Taxista: Mi hermana vive en Londres.

Cliente: Es una ciudad muy interesante, ¿no?

Taxista: Sí, a mí me me gusta mucho.

(...)

Taxista: Bueno, pues ya estamos en la terminal 2. Son 37 euros con cuarenta.

Cliente: Aquí tiene 40.

Taxista: ¿Necesita factura?

Cliente: Sí, por favor.

Taxista: No hay problema.

CONVERSACIÓN 2

Cliente: A la estación de tren, por favor.

Taxista: ¿La estación Norte?

Cliente: Sí, por favor.

Taxista: ¿Quiere poner la maleta en el maletero?

Cliente: No, muchas gracias. No es una maleta muy grande.

Taxista: Usted no es español, ¿verdad?

Cliente: No, soy mexicano

Taxista: Ah, México es un país muy bonito.

Cliente: Sí, pero estoy en España por negocios.

Taxista: ¿Y le gusta?

Cliente: Sí, pero no es la primera que visito el país. Vengo a España regularmente.

Taxista: Mi amigo está ahora en Cancún de vacaciones.

Cliente: Cancún es un destino muy popular con los turistas.

Taxista: ¿No le gusta?

Cliente: Sinceramente, no conozco Cancún.

(...)

Taxista: La estación del Norte. Son 14 euros con 25.

Cliente: Muchas gracias. ¿Puede hacerme una factura?

Taxista: ¡Por supuesto!

Ejercicios

1. Completa el siguiente diálogo en un taxi.

¡Buenos días! ¿A dónde le llevo?

_____

¿Es usted de Madrid?

_____

¿Le gusta la ciudad?

_____

¿Está aquí de visita o por trabajo?

_____

Son 19 euros con 25. ¿Necesita factura?

_____

Muchas gracias y que tenga un buen día.

_____

2. Señala cuáles de la siguientes palabras están relacionadas con los taxis y cuáles no.

Ventanilla - Botella - Taxímetro - Árbol - Libre - Ocupado - Mesa - Asiento - Volante - Conductor - Lámpara - Freno - Retrovisor - Pared - Maletero - Armario - Retrovisor -

LA MÚSICA

CONVERSACIÓN 1

Julian: Mi hermano quiere estudiar música en el conservatorio.

Raquel: Tu hermano tiene mucho talento para la música.

Julián: Sí, toca el piano y la guitarra muy bien. Ahora está aprendiendo a tocar el violín.

Raquel: Sinceramente, admiro a tu hermano.

Julián: Yo también. Yo no tengo nada de talento musical, soy muy malo.

Raquel: No es verdad, tú cantas muy bien.

Julián: Bueno, un poco, sí. Canto en el coro, pero no puedo tocar ningún instrumento.

Raquel: Yo sé tocar un poco el piano, pero no como tu hermano, claro.

Julián: Prefieres tocar música clásica o moderna.

Raquel: Yo prefiero tocar música moderna.

Julián: Mi hermano prefiere la música clásica, pero mucha gente cree que es aburrida.

Raquel: Bueno, depende.

Julián: El compositor favorito de mi hermano es Bach.

Raquel: A mí también me gusta mucho, pero no puedo tocar nada de Bach en el piano. Es un poco difícil para mí.

Edurne: Tienes que escuchar a este grupo. Son 3 chicos y 2 chicas y los conciertos son muy divertidos.

Mandi: ¿Qué tipo de música hacen?

Edurne: Es una mezcla de estilos y tocan muchos instrumentos: guitarra, bajo, batería, acordeón, piano y a veces hacen música electrónica.

Mandi: Mmm, no sé, yo prefiero la música más tradicional. Me encanta Julio Iglesias.

Edurne: ¿Te gusta la música romántica?

Mandi: Sí, me gustan los cantantes románticos y las baladas.

Edurne: Pero todas las canciones son iguales, ¿no?

Mandi: ¡Ja, ja! No, a mí me parece que la música pop de hoy es muy similar y no es muy interesante.

Edurne: Definitivamente, tenemos diferentes gustos musicales.

Ejercicios

1. Responde a las siguientes preguntas sobre la música.

¿Qué tipos de música te gustan más?

_____

¿Sabes tocar algún instrumento?

_____

¿Cómo y dónde escuchas música normalmente?

_____

¿Tienes un grupo o cantante favorito?

_____

¿Te gusta ir a conciertos?

_____

¿Te gusta trabajar o estudiar con música?

_____

2. Completa el siguiente diálogo sobre música.

_____

Me gusta especialmente por la mañana cuando desayuno.

_____

Generalmente música clásica, pero a veces algo más actual.

_____

La guitarra y el piano, pero hace mucho tiempo que no toco.

_____

Mozart y Beethoven.

_____

No, mi mujer prefiere la música latina.

ESTUDIOS

CONVERSACIÓN 1

Martina: Los exámenes son la semana que viene.

Mariana: ¡Qué nervios!

Martina: Sí, para mí los más difíciles son Matemáticas y Física.

Mariana: ¿En serio? Pues, para mí, Historia y Filosofía son los peores.

Martina: Francés y Arte son las asignaturas más fáciles, ¿no?

Mariana: Sí, y Educación Física también.

Martina: Bueno, yo no soy tan buena como tú haciendo deporte.

Mariana: Tengo una idea.

Martina: ¿Qué?

Mariana: ¿Por qué no estudiamos juntas para los exámenes. Yo puedo ayudarte con los números.

Martina: Y yo soy la número uno en la clase de Historia.

Mariana: ¡Genial!

CONVERSACIÓN 2

Maxi: Yo, sinceramente, todavía no sé lo que quiero estudiar en la universidad.

Joan: Pues, no tienes mucho tiempo.

Maxi: Lo sé. ¿Y tú?

Joan: Yo sí, lo tengo muy claro. Voy a estudiar Economía, como mi hermana.

Maxi: Hay que estudiar mucho, ¿no?

Joan: Claro, pero en la universidad hay que trabajar siempre.

Maxi: No estoy seguro de si quiero estudiar en la universidad.

Joan: ¿Lo dices de verdad? Siempre tienes muy buenas notas en inglés y te gustan mucho las clases de lengua.

Maxi: Creo que necesito un año antes de ir a la universidad. Quiero viajar y trabajar en otros países.

Joan: ¡Ah, no es mala idea!

Ejercicios

1. Escribe el nombre de 8 asignaturas que se estudian en la escuela.

1. _____

2. _____

3. _____

4. _____

5. _____

6. _____

7. _____

8. _____

2. Completa el siguiente diálogo sobre los estudios.

_____

¿En serio? Para mí, matemáticas y Física son las más difíciles.

_____

Generalmente estudio sola en la habitación con un poco de música.

_____

En mi caso, las más fáciles son Arte y Geografía.

_____

Marta la profesora de Arte. Es muy buena.

_____

Martín el profesor de matemáticas porque es muy aburrido.

EN EL AEROPUERTO

CONVERSACIÓN 1

Rosa: ¿A qué hora sale el avión?

Amalia: A las 3, pero las puertas de embarque abren a las 2 y cuarto.

Rosa: Vale, tenemos tiempo para facturar las maletas y tomar un café.

Amalia: Sí, pero antes tenemos que pasar por seguridad y a veces lleva mucho tiempo.

Rosa: ¿Cuánto dura el vuelo?

Amalia: Solo dos horas.

Rosa: Pero en Inglaterra hay una hora menos, ¿no?

Amalia: Sí, tenemos que retrasar el reloj una hora.

Rosa: ¿Tienes miedo a volar?

Amalia: No tengo miedo, pero no me gusta mucho.

Rosa: Para mí, lo peor son los aeropuertos: el transporte, las colas, las maletas, el estrés, etc.

CONVERSACIÓN 2

Asistente: ¿Puedo ver sus pasaportes, por favor?

Cliente: Sí, aquí están.

Asistente: ¿Cuántas personas viajan con usted?

Cliente: Mi marido y mis dos hijos. En total somos 4.

Asistente: ¿Cuántas maletas tienen?

Cliente: Tres maletas grandes, dos mochilas y un bolso de mano.

Asistente: De acuerdo, puede facturar las tres maletas y una mochila, si quiere.

Cliente: No, preferimos llevar nosotros las mochilas.

Asistente: El vuelo va totalmente lleno y recomendamos facturar las mochilas.

Cliente: Bueno, en ese caso vamos a facturar una.

Asistente: Muy bien. Aquí tienen los billetes. El embarque es a las 6 por la puerta 12.

Cliente: Gracias.

Ejercicios

1.Escribe el nombre de 5 cosas que puedes encontrar en todos los aeropuertos, y 5 cosas que hay en todos los aviones.

1. _____   1. _____

2. _____   2. _____

3. _____   3. _____

4. _____   4. _____

5. _____   5. _____

2. Completa el siguiente diálogo en un aeropuerto.

¿A qué hora sale nuestro vuelo?

_____

¿Sabes cuál es la puerta de embarque?

_____

¿Está permitido pasar por el control de seguridad con una botella de agua y un bocadillo?

_____

¿Ventanilla o pasillo? ¿Tienes alguna preferencia?

_____

¿Tienes alguna rutina cuando viajas en avión?

_____

¿Te pones nervioso al despegar o al aterrizar?

_____

LIBROS

Marina: El viaje es un poco largo pero no me importa porque tengo un libro que es muy interesante.

Sally: ¡Ah, sí! ¿De qué trata?

Marina: Es una novela del siglo XIX. Describe la relación entre padres e hijos y las diferencias en la forma de pensar de cada generación.

Sally: ¿Es muy largo?

Marina: No, es una novela corta.

Sally: A mí no me gusta mucho leer ficción. Prefiero leer otras cosas.

Marina: ¿Por ejemplo?

Sally: Leo muchas revistas de actualidad y me encanta leer biografías de personas que me parecen interesantes.

Marina: ¿Qué estás leyendo ahora?

Sally: Es un libro sobre la vida de Maria Callas.

Marina: ¿Y es interesante?

Sally: Me está gustando mucho y hay capítulos muy interesantes de su vida en Grecia y en París.

Marina: ¿Es ese libro que tienes en tu bolso?

Sally: Sí, es un poco largo, pero muy fácil de leer.

Marina: Es enorme, ¿cuántas páginas tiene?

Sally: Casi 700, pero el lenguaje es muy claro y puedes leerlo muy rápido.

Marina: Vale, voy a leerlo después de terminar el mío.

Ejercicios

1. Responde a las siguientes preguntas sobre los libros.

¿Qué tipo de libros te gusta leer?

_____

¿Tienes un libro favorito?

_____

¿Dónde compras los libros, normalmente?

_____

¿Puedes mencionar 4 géneros de libros?

_____

¿Cuál es la diferencia entre una biblioteca y una librería?

_____

¿Cuántos libros crees que tienes en tu casa?

_____

2. Piensa en un libro que conoces y describe la historia de manera simple y breve.

_____

_____

_____

_____

_____

_____

DE COMPRAS

CONVERSACIÓN 1

Juanjo: En esta tienda tienen ropa muy buena.

Flor: Sí, mira esa camisa blanca. Es perfecta para tu chaqueta azul.

Juanjo: Voy a probarla

Flor: Te queda muy bien.

Juanjo: Sí, a mí también me gusta mucho.

Flor: Vamos a pagar.

Dependiente: Son 65 euros. ¿Con tarjeta o en efectivo?

Juanjo: Con tarjeta, por favor.

Dependiente: Lo siento, no aceptamos Latin-Express.

Juanjo: Entonces creo que tengo que sacar dinero. ¿Hay un cajero por aquí?

Flor: Espera, puedes usar mi tarjeta.

Juanjo: Si no te importa…

Flor: No, claro que no.

Dependienta: ¿Quiere una bolsa?

Juanjo: No, gracias, ya tengo una.

Dependienta: Muchas gracias y buenos días.

Matilde: Vamos a entrar en esta zapatería. Quiero ver unas botas para el invierno.

Jorge: Yo también quiero comprar unos zapatos negros para el trabajo.

Matilde: Uf, todo es muy caro, ¿no?

Jorge: Sí, creo que podemos encontrar algo más barato en otra tienda.

Matilde: Podemos ir a la tienda de Emilia. Allí siempre encontramos cosas que nos gustan.

Jorge: Tienen muchos abrigos, pantalones y jerseys pero no venden zapatos.

Matilde: Es verdad.

Jorge: ¿Y si probamos en el centro comercial de Barrio Grande?

Matilde: No me gusta mucho. Allí las tiendas son baratas, pero no muy buenas. La calidad de la ropa es muy baja y los dependientes no son muy simpáticos.

Jorge: ¿Y la zapatería de la Calle Valdés?

Matilde: ¿La que está al lado de la tienda de deporte?

Jorge: Sí, donde compraste los zapatos de tacón para la boda de tu prima.

Matilde: Sí, allí tienen buen calzado y los precios son razonables.

Jorge: ¡Pues, vamos!

Ejercicios

1. Escribe el nombre de 3 cosas que puedes comprar en cada una de estas tiendas:

Una tienda de ropa.

_____

Una frutería.

_____

Una papelería.

_____

Una tienda de electrónica.

_____

Una droguería.

_____

Una tienda de muebles.

_____

2. Responde a las siguientes preguntas sobre el tema de las compras.

¿Cuál es la diferencia entre "ir de compras" y "hacer la compra"?

_____

¿De qué dos formas puedes pagar en una tienda?

_____

¿Cómo se llama la persona que trabaja en una tienda de ropa?

_____

¿A qué se refieren las letras S, M, L y XL en una prenda de ropa?

_____

¿En qué tienda puedes comprar plantas y flores?

_____

¿Qué diferencia hay entre un centro comercial y un supermercado?

_____

EN EL HOTEL

CONVERSACIÓN 1

Cliente: ¡Buenos días! Tengo una reserva a nombre de Julián Gorospe.

Recepcionista: ¡Buenos días, señor Gorospe! Una reserva para 3 días, ¿correcto?

Cliente: Sí, una habitación doble para tres días.

Recepcionista: ¿Prefiere una habitación con vistas a la piscina o con vistas al jardín?

Cliente: ¿No tienen habitaciones con vistas a la playa?

Recepcionista: No, lo siento, todas están ocupadas. Durante el verano el hotel está completo.

Cliente: Entonces con vistas al jardín, por favor. Es más tranquilo.

Recepcionista: Aquí tienen la llave. Es la habitación 309. Está en la tercera planta. A la izquierda tiene el ascensor.

Cliente: ¿A qué hora es el desayuno?

Recepcionista: Entre las 7am y las 10am.

Cliente: Tenemos dos maletas muy pesadas, ¿podría ayudarnos alguien a subirlas a la habitación?

Recepcionista: Por supuesto. Ahora les ayudo.

CONVERSACIÓN 2

Recepcionista: Muchas gracias por su estancia en el Hotel del Mar.

Cliente: La verdad es que no voy a volver a este hotel nunca.

Recepcionista: ¿Ha tenido problemas?

Cliente: Pues sí, bastantes.

Recepcionista: Lo siento mucho, señora. ¿Hay algo que podamos hacer?

Cliente: Estoy muy descontenta con la habitación. El aire acondicionado no funciona y tenemos que dejar la ventana abierta durante la noche, pero hay mucho ruido de la calle. El agua de la ducha sale muy caliente o muy fría. Además, la calidad de la comida en el restaurante es muy baja.

Recepcionista: Señora, voy a hablar con el gerente y él se va a poner en contacto con usted lo antes posible.

Cliente: Gracias, espero una compensación por todo.

Rececionista: Lo lamentamos mucho.

Ejercicios

1. Escribe el nombre de 5 cosas que puedes encontrar en una habitación de hotel.

1. _____

2. _____

3. _____

4. _____

5. _____

2. Completa cada frase con una palabra para que la frase tenga sentido.

1. ¡Buenos días! Tengo una _____ de una habitación doble para 2 días.

2. En este momento el _____ no funciona y tiene que utilizar la escaleras.

3. La habitación tiene _____ a la piscina.

4. La cafetería para el _____ abre a las 7 de la mañana.

5. ¿Puede decirme cuál es la _____ de la wi-fi?

ANIMALES

CONVERSACIÓN 1

Lidia: A mi sobrino le encanta ir al zoo.

Genaro: Es normal, a los niños les gusta mucho ver a los animales. A mi hijo le fascinan los monos y los elefantes.

Lidia: Sí, pero creo que los pingüinos son los favoritos de mi sobrino.

Genaro: Recuerdo muy bien los pingüinos, están al lado de los tigres y los leones, ¿no?

Lidia: Personalmente, me gustan mucho las jirafas y los hipopótamos.

Genaro: A mí me encantan los osos panda.

Lidia: Tenemos que ir juntos un día. Hay un espectáculo de delfines todos los fines de semana.

Genaro: Excelente idea.

CONVERSACIÓN 2

Gabriel: Me gustan mucho los animales pero vivo en un apartamento pequeño y no puedo tener un perro.

Dina: Yo también vivo en un apartamento y tengo un gato que se llama Ono.

Gabriel: Mi amigo tiene una tortuga, un pájaro y un pez en su casa.

Dina: Uf, es demasiado.

Gabriel: Sí, pero él vive en una casa en el campo y su padre tiene vacas, ovejas, pollos, caballos, etc.

Dina: Con tantos animales es difícil tener vacaciones.

Ejercicios

1. Escribe el nombre de los animales encima de su descripción.

_____

Tiene cuatro patas y mucho pelo. Es el mejor amigo del hombre.

_____

Son felinos pequeños. Les gusta cazar ratones y son independientes.

_____

Son animales muy altos y tienen un cuello enorme. Viven en África.

_____

Son animales grandes, muy tranquilos y comen hierba. Dan leche.

_____

Es un insecto de color amarillo y negro. Puede volar y elabora miel.

2. Ahora describe tú a los siguiente animales.

Un caballo.

_____

Una ballena.

_____

Un oso.

_____

Una oveja.

_____

Una serpiente.

_____

Un león.

_____

DIRECCIONES

CONVERSACIÓN 1

Turista: Perdone, ¿sabe cómo se va a la Plaza del Corral.

Local : Mmm, no estoy seguro. Lo siento.

Turista: Gracias, de todas formas.

Local: Espera... Sí, ya recuerdo, la Plaza del Corral está al lado del parque San Andrés.

Turista: ¿Puedo ir caminando?

Local: Sí, no está muy lejos. Unos 15 minutos, más o menos.

Turista: ¿En qué dirección está?

Local: Tienes que continuar recto hasta aquella iglesia y después girar a la izquierda.

Turista: Hasta la iglesia y luego a la izquierda.

Local: Sí, y después tienes que cruzar la calle y...

Turista: ¿Sí?

Local: No recuerdo si tienes que girar a la izquierda o la derecha. Es mejor preguntar.

Local: Vale, muchas gracias.

CONVERSACIÓN 2

Recepcionista: ¡Hola, buenas tardes!

Turista: ¡Buenas tardes! Nos gustaría ir al museo del cine.

Recepcionista: Está en el Norte de la ciudad.

Turista: ¿Es posible ir caminando?

Recepcionista: No, está muy lejos. Lo mejor es tomar el metro.

Turista: ¿Cuál es la parada?

Recepcionista: La parada más cercana es Avenida del Mar.

Turista: ¿Qué línea de metro debemos tomar?

Recepcionista: A la izquierda del hotel hay una parada de metro. Tienen que tomar la línea verde y después cambiar a la línea amarilla.

Turista: Siempre en dirección Norte, ¿verdad?

Recepcionista: Exactamente. Son más o menos 30 minutos.

Turista: Muy bien, muchas gracias.

Ejercicios

1. Completa las frases con la palabra adecuada:

1. Gira a la _____ y después a la izquierda.
2. Sigue todo _____ hasta el final de la calle.
3. La plaza está muy _____. 5 minutos a pie.
4. ¿Sabe dónde está la _____ de metro?
5. Tienes que _____ a la izquierda y después cruzar la calle.

2. Completa el siguiente diálogo entre un turista y una persona local.

_____

¿La estación de tren? Sí, conozco la zona.

_____

No, está muy cerca, no es necesario tomar un taxi.

_____

Sí, primero tienes que girar a la derecha y después a la izquierda.

_____

No, no es necesario cruzar la calle.

_____

Más o menos 5 minutos.

CARÁCTER

Marina: Tienes 4 hermanos, ¿no?

Pedro: Sí, en total somos 5 y todos somos muy diferentes.

Marina: ¿En serio?

Pedro: Mi hermana mayor es muy seria y organizada. Le gusta controlar todo y tiene un carácter dominante.

Marina: ¿Y el resto?

Pedro: Mi hermana Ángela es la segunda y es muy independiente. No le gustan los grupos grandes y es un poco tímida. Alberto es el tercero y es muy divertido. Le encanta hablar y hacer bromas con nosotros.

Marina: ¿Y tu hermano pequeño?

Pedro: Emilio es el más sociable de todos. Es muy extrovertido y alegre. Le gusta la música y canta con un grupo de amigos.

Marina: ¿Y cómo eres tú?

Pedro: En comparación, yo soy muy tranquilo y relajado. No soy tan trabajador como ellos, me gusta pasar tiempo con mis amigos, comer y hablar durante horas.

Alejandra: Papá y mamá son muy diferentes, ¿no crees?

Lara: Sí, totalmente diferentes?

Alejandra: Mamá es muy dulce y amable. Siempre está de buen humor y le gusta mucho cocinar para todos y hacer cosas para los demás.

Lara: Sí, papá es muy bueno también, pero es más estricto y tiene un humor variable. A veces está contento y a veces está triste.

Alejandra: Sí, mamá es emocionalmente más estable.

Lara: Sí, y más sociable. Es muy habladora y le encanta hablar por teléfono con la familia.

Alejandra: En cambio, papá es más reservado y un poco callado.

Lara: Sí, aunque a veces mamá es un poco ruidosa, ¿no?

Alejandra: Sí, pero creo que yo me parezco más a papá.

Lara: Sí, yo también lo creo.

Ejercicios

1. Escribe el adjetivo encima de cada definición:

_____

Es una persona que no habla mucho y le gusta estar en silencio.

_____

Es muy sociable y comunicativo. Le gusta estar siempre con gente.

_____

Casi nunca sonríe y no le gusta hacer bromas.

_____

Le encanta ayudar a otras personas y es muy educado.

_____

Es demasiado relajado y no le gusta trabajar ni hacer ejercicio.

2. Piensa en dos personas que conoces con personalidades muy diferentes y descríbelas.

_____

_____

_____

_____

_____

_____

_____

EN LA CAFETERÍA

CONVERSACIÓN 1

Eloy: Creo que voy a tomar un café solo, ¿y tú?

Celia: Un café con leche. No me gusta el café solo.

Eloy: Además, hoy hace mucho calor. Creo que voy a tomar un café solo con hielo.

Celia: Yo prefiero el café cuando está caliente, incluso cuando hace calor. Y también me gusta con azúcar.

Eloy: Yo normalmente lo tomo sin azúcar, pero a veces le echo un poquito.

Celia: ¿Quieres algo de comer?

Eloy: Me apetece algo dulce.

Celia: ¿Una tostada con mermelada y mantequilla?

Eloy: Bueno... ¿Quieres compartir conmigo un trozo de tarta de chocolate?

Celia: Claro que sí, no puedo decir que no a una tarta de chocolate.

Eloy: ¡Ja, ja, ja! Yo tampoco.

CONVERSACIÓN 2

Camarero: ¡Buenas tardes! ¿Qué les sirvo?

Cliente 1: Para mí, un cortado y una botella de agua mineral.

Cliente 2: ¿Tienen zumos frescos?

Camarero: Tenemos zumo natural de naranja.

Cliente 2: ¿Nada más?

Camarero: Tenemos zumos de manzana y piña, pero son en botella.

Cliente 2: Entonces un zumo natural de naranja.

Camarero: Muy bien.

(...)

Cliente 1: ¡Perdone! ¿Me cobra, por favor?

Cliente 2: No, no, yo pago esta vez.

Cliente 1: Tú pagas la próxima vez. Hoy te invito yo.

Camarero: Son 5 euros con 50.

Cliente 1: Ahí tiene.

Camarero: ¿No tiene un billete más pequeño?

Cliente 1: No, solo éste de 50 euros.

Cliente 2: Yo tengo uno de 10.

Camarero: Si no le importa, es mucho mejor.

Cliente 2: Venga, esta vez yo pago.

Cliente 1: Bueno...

Ejercicios

1. Completa el siguiente diálogo en una cafetería entre el camarero y el cliente.

¿Qué va tomar?

_____

¿Algo de comer?

_____

No, solo tenemos sin chocolate.

_____

En total son 4 euros, por favor.

_____

Los servicios están al fondo a la izquierda.

2. Escribe 5 cosas que normalmente puedes beber y comer en una cafetería.

1. _____   1. _____
2. _____   2. _____
3. _____   3. _____
4. _____   4. _____
5. _____   5. _____

SERIES

Gracia: Estoy obsesionada con una serie.
Vega: ¿Cuál?
Gracia: Se llama Misión Especial.
Vega: ¿Y de qué trata?
Gracia: Es sobre un grupo de mujeres que trabaja para una agencia secreta y tienen que viajar por todo el mundo capturando criminales.
Vega: Entonces, te gustan las series de acción, ¿no?
Gracia: Sí, pero ésta es diferente. Todos los personajes son mujeres y todo parece muy realista.
Vega: ¿Es una serie española?
Gracia: Sí, pero hay muchas escenas en América Latina y África.
Vega: ¿Hay actrices famosas en la serie?
Gracia: No, pero es mejor así. Prefiero actrices que no conozco de otras series.
Vega: ¿Cuántos episodios tiene?
Gracia: Hay solo dos temporadas y cada una tiene diez episodios.
Vega: ¿Es muy violenta?
Gracia: No, pero a veces hay escenas de mucha acción.
Vega: Voy ver un episodio y te digo si me gusta o no.

CONVERSACIÓN 2

Noemí: ¿Tú ves muchas series, Marcos?

Marcos: No, la verdad es que no estoy viendo ninguna serie últimamente.

Noemí: ¿No te gustan?

Marcos: Sí, pero prefiero ver películas. Las serien son muy largas.

Noemí: A mí me aburren un poco.

Marcos: ¿Sí?

Noemí: Bueno, me aburre la gente que está todo el tiempo hablando de series, protagonistas actores y personajes que no conozco.

Marcos: Sí, entiendo. A veces es un poco pesado.

Noemí: No entiendo por qué hablan tanto de series. La series no son algo real.

Marcos: Entonces no te gusta mucho la ficción.

Noemí: Prefiero las cosas reales. Los documentales y la tele-realidad, por ejemplo, me gustan mucho más.

Marcos: ¿Sobre qué te gustan los documentales?

Noemí: Me encantan las biografías de personas interesantes. También los programas de cocina.

Marcos: Ya veo, eres una persona más práctica.

Noemí: Sí, y por eso no me gusta ver durante horas series de ficción o fantásticas.

Marcos: Tiene sentido.

Ejercicios

1. Escribe la palabra adecuada encima de cada definición:

_____

Programa que trata de temas reales de interés científico, social, informativo o educativo.

_____

Película divertida y que hace reír.

_____

Están divididas en diferentes capítulos y normalmente hay una o dos cada año.

_____

Programas en los que se describe la vida de una persona.

_____

El personaje principal en una historia.

2. Piensa en una serie o película que te gusta y describe la historia de manera simple.

_____

_____

_____

_____

_____

_____

_____

DESCRIPCIÓN FÍSICA

CONVERSACIÓN 1

Adela: Estamos buscando a un modelo para la nueva campaña de marketing.

Noel: A mí me gustaría ser modelo.

Adela: No, no, estamos buscando a un chico alto.

Noel: Pero yo no soy bajo.

Adela: No eres ni alto ni bajo. Además, preferimos a una persona morena.

Noel: Yo soy rubio pero puedo cambiar el color del pelo.

Adela: Mmm, creo que ahora estás un poco gordo y buscamos a un chico más delgado.

Noel: ¿No crees que soy guapo?

Adela: No eres feo, Noel, pero queremos a alguien diferente. No es nada personal.

CONVERSACIÓN 2

Nadia: Tienes unos ojos muy bonitos, Lucinda.

Lucinda: Gracias. Soy la única que tiene los ojos verdes, todos tienen ojos marrones en mi familia.

Nadia: ¿Tu madre es española?

Lucinda: Sí, ella tiene el pelo muy negro, ojos oscuros y la piel morena.

Nadia: Y tu padre es inglés, ¿no?

Lucinda: Sí, él tiene los ojos más claros y el pelo un poco rubio, aunque ahora es casi blanco.

Nadia: ¿Y tus padres son tan altos como tú?

Lucinda: Sí, pero mis hermanos son mucho más altos que yo.

Nadia: ¿Tienes hermanos? No lo sabía.

Lucinda: Sí, el mayor vive en Londres. Es muy alto y delgado. Tiene el pelo muy corto y se parece mucho a mi padre.

Nadia: ¿Y tu otro hermano?

Lucinda: También es alto, pero se parece más a mi madre. Tiene el pelo oscuro y largo, y la boca y la nariz pequeñas. Es muy popular con las chicas.

Nadia: Imagino que sí.

Ejercicios

1. Completa las frases con el adjetivo adecuado.

1. Es un chico muy _____. Mide casi 2 metros.
2. Ana está muy _____. No come mucho y hace demasiado ejercicio.

3. Beatriz es muy _____. Todos los chicos están locos por ella.

4. Mi abuela es muy _____. Tiene 99 años.

5. Mi hermana tiene el pelo _____. Antes lo tenía muy corto.

2. Piensa en un hombre y en una mujer que conoces y descríbelos físicamente.

_____

_____

_____

_____

_____

_____

_____

EL AMOR

CONVERSACIÓN 1

Sara: Creo que estoy enamorada.

Ben: ¡Estás enamorada! ¿Otra vez?

Sara: Sí, pero esta vez es diferente.

Ben: ¿De quién?

Sara: De un chico que trabaja en mi oficina.

Ben: ¿Trabajáis juntos?

Sara: Sí, y nos vemos todos los días a la hora de comer, en la cafetería.

Ben: ¿Crees que él también está enamorado?

Sara: No lo sé, pero hablamos mucho y lo pasamos bien juntos. Es divertido y me hace reír.

Ben: Entonces no sabes si él siente lo mismo que tú.

Sara: No lo sé, es difícil decirlo, pero yo creo que sí.

Ben: Sara, siempre dices lo mismo y después…

Sara: No, de verdad, esta vez es diferente. Creo que está muy interesado pero es un poco tímido.

Ben: Entonces, ¿por qué no le invitas a salir?

Sara: ¿Una cita?

Ben: Sí, para tomar una copa o una cena.

Sara: Bueno, es que hay un pequeño problema.

Ben: ¿Cuál?

Sara: Él tiene novia.

Fede: Loli, hay una cosa que me gustaría decirte.

Loli: Fede, estás un poco pálido, ¿qué te pasa?

Fede: Nada, nada, solo necesito beber un poco de agua.

Loli: Bueno, ¿qué quieres decirme?

Fede: Bueno, yo... Es que tú... Tú y yo...

Loli: ¿Estás bien?

Fede: Sí, pero aquí hay demasiada gente. Vamos más allá, en aquel banco no hay nadie.

Loli: Es un parque público, Fede, siempre hay gente aquí.

Fede: Necesito decirte algo en privado.

Loli: De acuerdo, vamos.

Fede: Loli, yo... yo... yo creo que siento algo por ti.

Loli: ¿Qué quieres decir?

Fede: Bueno... somos amigos y bueno... me gusta estar contigo.

Loli: Sí, a mí también me gusta pasar tiempo con mis amigos.

Fede: Quiero decir que me gusta estar contigo pero no como amigo.

Loli: ¿No quieres ser mi amigo?

Fede: No, no, no. Quiero ser tu amigo pero al mismo tiempo no quiero ser tu amigo.

Loli: Estoy muy confusa, Fede.

Fede: Sí, es que estoy un poco nervioso.

Loli: ¿Por qué?

Fede: Porque te quiero decir que estoy enamorado de ti, pero no sé cómo hacerlo.

Ejercicios

1. Completa el siguiente diálogo entre dos amigos.

¿Estás enamorado? ¿Quién es ella?

_____

¿Y cómo es?

_____

¿Y ella lo sabe?

_____

¿Crees que ella está interesada?

_____

¿Qué vas a hacer? ¿Tienes un plan?

_____

2. Un amigo te pide consejo en las siguientes situaciones. Escribe una recomendación para cada caso.

Tengo una primera cita con una chica mañana y no sé a dónde ir.

_____

_____

Quiero dejarlo con mi novio pero no sé cómo. ¿Le escribo un SMS?

_____

_____

Estoy enamorado de la amiga de mi hermana pero ellas no saben nada.

_____

_____

Esta noche tengo una cita a ciegas, ¿tienes algún consejo?

_____

_____

El sábado es nuestro primer aniversario y no tengo un plan.

_____

_____

LA SALUD

Doctora: ¡Buenos días!

Paciente: ¡Buenos días! Tengo cita para una revisión.

Doctora: Necesito hacer unas preguntas antes del examen físico.

Paciente: Sí, por supuesto

Doctora: En general, ¿tiene algún dolor?

Paciente: A veces por las tardes, después de comer, tengo un dolor de cabeza que dura un par de horas.

Doctora: ¿Toma café?

Paciente: Sí, demasiado.

Doctora: Intente reducir el consumo durante unas semanas.

Paciente: Lo voy a intentar.

Doctora: ¿Fuma?

Paciente: No, no fumo nada.

Doctora: ¿Bebe alcohol?

Paciente: Una copa de vino con la cena y a veces los fines de semana unas cervezas con los amigos.

Doctora: ¿Lleva una dieta equilibrada?

Paciente: Depende. Hay semanas en las que no como muy bien porque no cocino mucho, pero intento tener una dieta variada.

Doctora: ¿Toma muchos dulces?

Paciente: No, pero tomo bastantes grasas.

Doctora: ¿Hace deporte?

Paciente: Me gusta caminar y un día a la semana voy a correr.

Doctora: Gracias.

CONVERSACIÓN 2

Juanita: ¿Qué te pasa? Tienes mala cara.

Toño: Sí, no me siento bien.

Juanita: ¿Te duele algo?

Toño: Me duele el estómago.

Juanita: Creo que has comido demasiado.

Toño: Puede ser. Estoy un poco mareado.

Juanita: ¿Quieres un poco de agua con bicarbonato?

Toño: Sí, por favor.

Juanita: ¿Te duele algo más?

Toño: No, pero creo que voy a vomitar.

Juanita: Probablemente es lo mejor.

Toño: Sí, tengo una indigestión.

Juanita: Vamos al baño.

Toño: Gracias por cuidarme, Juanita.

Ejercicios

1. Escribe la parte del cuerpo apropiada encima de su definición:

_____

Tienes dos y están en la cara.

_____

Son dos extremidades que terminan en las manos.

_____

Es la parte superior del cuerpo y en ella está la cara.

_____

Es la parte posterior de tu cuerpo. No es posible verla sin un espejo.

_____

Tienes dos y terminan en los pies.

2. Recomienda un remedio a las siguientes personas:

He comido demasiado y ahora me duele el estómago.

_____

_____

Tengo un dolor de cabeza terrible.

_____

_____

Me duele la garganta y tengo un poco de fiebre. Creo que tengo la gripe.

_____

_____

Me duele mucho la espalda despúes ir al gimnasio.

_____

_____

Me he cortado un dedo con un cuchillo y está sangrando bastante.

_____

_____

DEPORTES

CONVERSACIÓN 1

Guillermo: Eres muy deportista, ¿no?

Lucía: Sí, me encantan los deportes.

Guillermo: A mí me gustan mucho los deportes de equipo: fútbol, baloncesto, rugby, balonmano...

Lucía: La verdad es que yo prefiero los deportes individuales: tenis, natación, atletismo, golf...

Guillermo: ¿No te gusta hacer deporte con otras personas?

Lucía: Sí, también me gusta. Durante los fines de semana soy entrenadora de un equipo de baloncesto femenino. Es muy divertido.

Guillermo: Yo siempre necesito hacer deporte con amigos porque me aburro solo. No me gusta correr ni ir al gimnasio.

Lucía: Te entiendo, pero depende de la motivación. Cuando hago ejercicio siempre tengo objetivos y para mí es una motivación más importante que hacer deporte con amigos.

Guillermo: Entonces, eres bastante competitiva en el deporte, ¿no?

Lucía: Sí, me encanta la presión de la competición.

CONVERSACIÓN 2

Lorena: Esta semana comienzan los Juegos Olímpicos.

Marcelino: Sí, me encanta ver el deporte en la televisión.

Lorena: A mí me gustan mucho los Juegos Olímpicos porque hay deportes que normalmente no puedes ver.

Marcelino: Es verdad. Hay deportes que normalmente no podemos ver, como esgrima, remo, tiro o badminton.

Lorena: Mis favoritos son la gimnasia rítmica y la natación.

Marcelino: Yo disfruto con el atletismo y el ciclismo.

Lorena: Sí, y además es todo mucho más emocionante porque hay muchos países que compiten.

Marcelino: Exacto, y ganar una medalla es un orgullo para todo el país.

Lorena: Estoy de acuerdo. No importa si es de oro, plata o bronce. Si consigues una medalla en los Juegos Olímpicos vas a recordarlo durante el resto de tu vida.

Ejercicios

1. **Escribe encima de su definición el nombre de cada deporte:**

_____

Se juega con pelotas pequeñas de color amarillo o verde y raquetas.

_____

Cada equipo tiene 5 jugadores y normalmente son muy altos. La pelota es muy grande. Hay dos canastas.

_____

El balón tiene forma de melón y los jugadores son muy fuertes.

_____

Es un deporte muy duro y se necesita una bicicleta.

_____

Es un deporte de invierno que se practica en la nieve. Puede ser un poco peligroso.

2. **Ahora describe tú los siguientes deportes:**

Fútbol

_____

_____

Natación

_____

_____

Hockey

_____

_____

Beisbol

_____

_____

Boxeo

_____

_____

EN EL BAR

CONVERSACIÓN 1

Camarero: Buenas... ¿Qué les pongo?

Ignacio: Una cerveza, por favor

Leo: Otra, para mí.

Camarero: ¿En botella o de barril?

Ignacio: ¿La cerveza de barril está fría?

Camarero: Sí, está bien fría.

Ignacio: Entonces de barril.

Leo: Yo prefiero una cerveza de botella, por favor.

Camarero: Ahora mismo.

Leo: ¿Nos sentamos en esa mesa?

Ignacio: A mí me gusta estar en la barra, ¿te importa?

Leo: No, en la barra está muy bien.

Ignacio: ¿Te apetecen unas aceitunas con la cerveza?

Leo: Sí, buena idea, tengo un poco de hambre.

Ignacio: Perdone, ¿nos pone unas aceitunas, por favor?

Camarero: Sí, claro. ¿Verdes o negras?

Ignacio: Verdes, por favor.

(...)

Leo: Perdone, ¿nos cobra, por favor?

Camarero: Son 7 euros con 50.

CONVERSACIÓN 2

Ramón: En este bar tienen un vino muy bueno.

Adán: Ah, pues podemos tomar una copa de vino antes del concierto. Tenemos tiempo.

Ramón: ¡Vale!

Camarero: Buenas tardes, ¿qué van a tomar?

Ramón: ¿Nos puede recomendar un buen vino?

Camarero: ¿Prefieren tinto, blanco o rosado?

Ramón: Para mí tinto.

Adán: Para mí también.

Camarero: Tenemos un vino Rioja muy bueno de 2008. Tiene sabor a frutas rojas y un toque de vainilla. Son 4 euros con 20 la copa.

Ramón: ¿Tienen Ribera del Duero?

Camarero: Sí, tenemos un Ribera de 2018 excelente. Es un poco más caro, pero personalmente es mi favorito. Son 7 euros con 50 la copa y 40 euros la botella.

Adán: Yo voy a tomar una copa del Rioja.

Ramón: Yo voy a probar el Ribera.

Camarero: Perfecto. Yo les llevo las copas a la mesa.

Adán: ¿Nos trae también una bolsa de patatas fritas?

Camarero: Por supuesto. ¿Alguna en particular?

Adán: De jamón

Camarero: ¡Ahora mismo!

Ejercicios

1. Responde a las siguientes preguntas.

¿Cómo se llama la persona que trabaja en un bar?

_____

¿Qué tres tipos de vino conoces dependiendo de su color?

_____

¿Cómo se llama el agua congelada que se pone en las bebidas para enfriarlas?

_____

¿Cómo se llama el vaso en el que se bebe el vino?

_____

¿Cómo se llama el líquido que se extrae de la fruta?

_____

¿Qué podemos decir para indicar que queremos pagar?

_____

2. Completa las frases con la palabra adecuada

1. Tengo hambre, ¿pedimos unas _____ verdes para comer?
2. Hoy no voy a beber alcohol. Creo que voy a tomar una _____ de agua con gas.
3. ¿Quieres compartir una _____ de patatas fritas?
4. Creo que en este bar no hay servicio de mesas. Tenemos que pedir en la _____.
5. No aceptan el pago con _____, solo en efectivo.

EN EL GIMNASIO

Cliente: ¡Hola! Es mi primer día y no conozco muy bien el gimnasio

Instructor: No hay problema, yo puedo mostrarte el gimnasio.

Cliente: Muchas gracias.

Instructor: Aquí tenemos las máquinas de correr.

Cliente: Ah, son muy modernas.

Instructor: Sí, todo es muy nuevo. A este lado tenemos las pesas.

Cliente: Creo que necesito trabajar un poco con las pesas.

Instructor: En esta sala tenemos el estudio de yoga y pilates.

Cliente: ¿Hay clases todos los días?

Instructor: Sí, varias clases durante la mañana y la tarde.

Cliente: ¿Y aquella sala?

Instructor: Es el otro estudio, para las clases de spinning.

Cliente: Y allí están los vestuarios, ¿no?

Instructor: Ese es el vestuario de mujeres y aquél es el de hombres.

Cliente: ¿Hay una fuente para beber?

Instructor: Sí, claro, tenemos dos. Una en la esquina izquierda y otra junto a la puerta de entrada. Además, tenemos una cafetería en la planta baja.

Cliente: ¿Y los fines de semana hay también clases?

Instructor: Sí, pero las clases de los sábados son muy populares y es recomendable reservar antes para evitar sorpresas.

Clientes: De acuerdo, voy a reservar ahora para una clase de yoga.

CONVERSACIÓN 2

Instructor: ¿Es la primera vez que haces pilates?

Alumno: Sí, para mí es la primera vez.

Instructor: ¿Tienes algún problema de salud?

Alumno: No, nada serio.

Instructor: ¿Algún problema de espalda?

Alumno: A veces me duele un poco pero es porque estoy muchas horas sentado trabajando con el ordenador.

Instructor: De acuerdo. Esta clase es para principiantes. En la clase de hoy vamos a estirar los brazos, las piernas, el cuello y los músculos de la espalda.

Alumno: ¿Cuánto tiempo dura la clase?

Instructor: Son clases de 45 minutos.

Alumno: ¿Necesito algo?

Instructor: No, tenemos todo el material en el estudio.

Alumno: ¿Puedo entrar con una botella de agua?

Instructor: Sí, por supuesto.

Alumno: ¿Y es necesario reservar antes de la clase?

Instructor: Sí, es necesario reservar. Puedes hacerlo directamente en la recepción, en la página web o en la aplicación del gimnasio.

Ejercicios

1. Escribe el nombre de 5 cosas que normalmente puedes encontrar en un gimnasio.

1. _____

2. _____

3. _____

4. _____

5. _____

2. Imagina que trabajas en un gimnasio y tienes que aconsejar a las siguientes personas:

Quiero perder peso rápidamente.

_____

_____

Me gustaría tener más flexibilidad.

_____

_____

Me gustan las clases intensas.

_____

_____

Mi intención es tener músculos más grandes.

_____

_____

No me gustan las clases de grupo pero necesito motivación y una persona a mi lado.

_____

_____

LENGUAS

CONVERSACIÓN 1

Jane: Ahora estás estudiando italiano, ¿no?

Sebastián: Sí, me gusta estudiar lenguas y el italiano es fácil para mí.

Jane: ¿Cuántos idiomas hablas en total?

Sebastián: Bueno, hablo español, inglés y griego muy bien. Después hablo algo de francés y ahora estoy estudiando italiano.

Jane: ¿También hablas griego?

Sebastián: Sí, porque mis abuelos son griegos.

Jane: ¿Y no mezclas las lenguas cuando hablas?

Sebastián: A veces con el español y el italiano, pero generalmente no.

Jane: Sí, son lenguas un poco similares.

Sebastián: ¿Y tú, Jane?

Jane: Yo hablo inglés porque soy australiana, pero como sabes estoy estudiando español aquí en Mallorca.

Sebastián: Hablas muy bien.

Jane: Gracias. Mi profesor es muy bueno y me gusta aprender cosas nuevas.

Sebastián: ¿Vas a clases de español todos los días?

Jane: Sí, es una escuela de español que está en el centro.

Sebastián: ¿Y cuántos estudiantes hay en tu clase?

Jane: No es un grupo muy grande. Somos 6 y todos hablan muy bien, pero yo soy muy competitiva y quiero hablar mejor.

Sebastián: Es una motivación muy buena.

CONVERSACIÓN 2

Profesora: ¿Dónde has estudiado español?

Estudiante: En la escuela. Después en la universidad durante dos años.

Profesora: ¿Y te gusta?

Estudiante: Me gusta mucho. En general me encanta estudiar lenguas.

Profesora: ¿Por qué?

Estudiante: Porque es algo muy práctico y puedo comprender libros, películas, tener conversaciones con personas de otros países...

Profesora: ¿Qué es lo más difícil para ti del español?

Estudiante: Creo que casi todos los estudiantes tienen problemas para recordar las conjugaciones de los verbos.

Profesora: ¿Y cómo haces para recordar las diferentes terminaciones verbales?

Estudiante: Tengo un método muy antiguo: lápiz y papel. Para mí es muy efectivo escribir las conjugaciones de los verbos en una hoja de papel y repetir todo constantemente.

Profesora: ¿Tienes algún otro método efectivo?

Estudiante: Cada persona tiene su propio método, pero para mí escuchar canciones en la lengua que estoy estudiando es una forma muy divertida de aprender.

Ejercicios

1. Responde a las siguientes preguntas.

¿Has estudiado lenguas en la escuela?

_____

¿Por qué estudias español?

_____

¿Qué actividades son más útiles para ti?

_____

¿Qué es lo más difícil del español en tu opinión?

_____

¿Crees que hay lenguas fáciles y difíciles de aprender? ¿Cuáles?

_____

¿Qué le recomiendas a un estudiante que no ha estudiado nunca español?

_____

2. Escribe un pequeño párrafo comparando tu lengua nativa con el español (gramática, vocabulario, sonidos, etc.)

_____

_____

_____

_____

_____

_____

_____

_____

_____

ESTA SEMANA

CONVERSACIÓN 1

Cristian: Hoy es viernes, ¿verdad?

Alex: Sí, es increíble lo rápido que pasan los días.

Cristian: ¿Qué tal ha ido la semana?

Alex: Muy bien, la verdad. He hecho muchas cosas en la oficina con mis compañeros. Por ejemplo, hemos tenido una reunión con el director general y nos ha dicho que los resultados de este año son muy positivos.

Cristian: ¿Habéis viajado a Madrid para tener la reunión con el director?

Alex: No, él ha venido a Valencia para hablar con nosotros.

Cristian: Habéis tenido suerte.

Alex: Sí, hemos estado viajando demasiado en las últimas semanas y ahora estamos un poco cansados. ¿Y tú? ¿Has tenido una buena semana?

Cristian: En el trabajo ha estado todo muy tranquilo, pero he hecho mucho deporte y también estoy un poco cansado.

Alex: ¿Has ido a correr todos los días?

Cristian: Sí, mi mujer y yo hemos ido cada día a correr durante 45 minutos.

Alex: ¿Has estado entrenando para la carrera de la semana que viene?

Cristian: Sí, le he prometido a mi esposa correr con ella.

Alex: Tienes suerte, yo no he hecho nada de deporte esta semana porque no he tenido tiempo, pero la semana que viene va ser diferente.

CONVERSACIÓN 2

Caterina: ¿Has hecho todos los ejercicios para la escuela esta semana?

Simón: Sí, los he terminado esta mañana.

Caterina: Yo no he hecho nada todavía.

Simón: ¿Nada todavía?

Caterina: Bueno, he completado el primer ejercicio pero nada más.

Simón: ¿Y qué has estado haciendo durante el resto de la semana?

Caterina: He visto una serie muy buena en la televisión.

Simón: ¿No has hecho los ejercicios porque has estado viendo la televisión?

Caterina: No, también he ayudado a mi madre con la casa y he estado cuidando a mi hermano pequeño.

Simón: Ya veo, pero has tenido mucho tiempo para terminar la tarea.

Caterina: Es verdad. Ahora necesito tu ayuda, Simón.

Simón: ¿Mi ayuda?

Caterina: Sí, ahora que ya has terminado, puedes ayudarme con los ejercicios.

Simón: ¿Lo dices en serio?

Caterina: Yo siempre te he ayudado, Simón.

Simón: Bueeeno, está bien.

Ejercicios

1. Completa las frases con la forma correcta del Pretérito Perfecto Compuesto (ej: "He hablado").

1. ¿Alguna vez _____ en Barcelona? Es una ciudad muy bonita.

2. Esta mañana _____ la noticias en la televisión.

3. ¿_____ los ejercicios para la clase de español? Son muy difíciles, ¿no?

4. La directora nos _____ que mañana podemos trabajar desde casa.

5. Nunca _____ una lengua extranjera en la escuela.

2. Escribe al menos 5 cosas que has hecho esta semana. Utiliza el Pretérito Perfecto Compuesto (ej: "He hablado").

_____

_____

_____

_____

_____

_____

_____

AYER

Gonzalo: Ayer me acosté a las 2 de la mañana.

José: ¿Y por qué tan tarde?

Gonzalo: Estuve trabajando toda la noche hasta que terminé el trabajo.

José: ¿Trabajaste durante el día también?

Gonzalo: No, ese fue el problema. Tuve que ir al colegio de mi hijo y no pude trabajar durante el día.

José: Entiendo. Nosotros tuvimos que ir hace dos meses y tampoco pude trabajar mucho ese día.

Gonzalo: Sí, yo ayer llegué a casa bastante tarde y preparé la cena para mi esposa y mi hijo. Luego vi las noticas en la televisión y empecé a trabajar a las 10 de la noche.

José: Imagino que era algo importante.

Gonzalo: Sí, hice un informe para la reunión de esta mañana.

José: ¿Lo terminaste a tiempo?

Gonzalo: Sí, por suerte lo terminé y la reunión salió bastante bien.

CONVERSACIÓN 2

Camila: ¡El concierto de anoche fue increíble!

Tatiana: ¿Fuiste tú sola?

Camila: No, fui con mi hermana y su novio.

Tatiana: ¿Fue un concierto largo?

Camila: Duró más o menos 2 horas.

Tatiana: Es un cantante muy bueno. Yo fui a un concierto suyo hace dos años y me encantó.

Camila: Sí, además anoche vino con unos músicos muy buenos y tocaron todas las canciones del nuevo disco. Estuvieron todos muy bien.

Tatiana: ¿Y a tu hermana le gustó el concierto también?

Camila: A mí hermana le encantó. Fue idea suya ir al concierto y fue ella la que compró las entradas.

Tatiana: ¿Y a su novio?

Camila: Bueno, yo creo que no le gustó mucho pero fue solo porque es el cantante favorito de mi hermana.

Tatiana: A mi novio le pasó lo mismo. Creo que es un cantante que es más popular con las chicas que con los chicos.

Camila: Sí, creo que sí, pero el novio de mi hermana es muy bueno y no dijo nada.

Ejercicios

1. Completa las frases con la forma correcta del Pretérito Indefinido (ej: "Hablé").

1. Anoche _____ una película argentina muy buena.

2. El año pasado _____ de vacaciones a Mallorca.

3. Me _____ la comida en el restaurante de ayer.

4. Ayer _____ mucho ejercicio y hoy me duele la espalda.

5. Nos _____ a esta casa hace 3 años.

2. Escribe qué hiciste ayer. Utiliza el Pretérito Indefinido (ej: "Hablé").

_____

_____

_____

_____

_____

_____

_____

_____

ANTES Y AHORA

Miriam: ¿Recuerdas tu primer teléfono móvil?

Sonia: Sí, era enorme.

Miriam: Y pesaba mucho, ¿no?

Sonia: No tenía muchas funciones, solamente podías hacer llamadas y enviar mensajes de texto.

Miriam: ¿Recuerdas de qué color era?

Sonia: Si no recuerdo mal, el mío era de color verde, pero no estoy segura.

Sonia: El mío era gris y tenía unos botones azules.

Miriam: Recuerdo que la pantalla no tenía colores y era blanco y negro.

Sonia: Además, costaban mucho dinero, ¿te acuerdas?

Miriam: Sí, ahora también hay algunos teléfonos muy caros, pero puedes comprar otros que también son buenos por muy poco dinero.

Sonia: Me encantaba mi teléfono y los sonidos que tenía.

Miriam: Eran tan simples en comparación con los teléfonos actuales...

Sonia: Sí, estoy de acuerdo. Ahora los teléfonos tienen algunas funciones muy complicadas. Para hacer una simple foto tienes tantas opciones que es confuso.

Miriam: Bueno, parecemos dos viejas hablando del pasado.

Sonia: ¡Ja, ja, tienes toda la razón!

CONVERSACIÓN 2

Divia: Esta ciudad ha cambiado tanto...

Pepa: Sí, muchísimo. Antes no había tanto tráfico y ahora cada día hay atascos en el centro y la salida de la ciudad.

Divia: Y tampoco había tanta gente en el transporte público, hoy vamos como sardinas en lata.

Pepa: Lo bueno es que ahora tenemos más parques y zonas verdes porque antes teníamos que ir a jugar a las plazas.

Divia: Sí, mis hermanos y yo jugábamos en la calle a la pelota y cuando pasaba un coche nos apartábamos.

Pepa: Sí, era un poco peligroso, ¿no crees?

Divia: Bueno, no tanto. Hoy me parece más peligroso salir por la noche, por ejemplo.

Pepa: Mis padres no me permitían salir por la noche. Solo cuando tenía 18 podía salir hasta las 12 de la noche.

Divia: Lo que más me gustaba era la fiesta de la ciudad cuando venía la familia a mi casa y podía jugar con mis primas. La casa de mis padres estaba completamente llena y en cada cama dormían dos personas.

Pepa: A mí me gustaba mucho la navidad porque íbamos a la casa de mi tía y allí también estaban mis primos y lo pasábamos muy bien jugando y viendo la tele.

Divia: ¡Qué recuerdos tan bonitos!

Ejercicios

1. Responde a las siguientes preguntas utilizando el Pretérito Imperfecto ("Hablaba").

¿Cómo era tu primera casa?

_____

¿Quién era tu ídolo cuando eras pequeño?

_____

¿Cómo era tu primer teléfono móvil?

_____

¿Cómo era tu primer ordenador?

_____

¿Quién era tu mejor amigo cuando eras pequeño?

_____

¿A qué te gustaba jugar cuando tenías 12 años?

_____

2. Piensa en cómo era la vida antes de tener internet en los hogares y escribe un párrafo utilizando el Pretérito imperfecto ("Hablaba").

_____

_____

_____

_____

_____

_____

_____

_____

Made in the USA
Las Vegas, NV
03 January 2025

15793376R00090